Marchand d'oignons devroit se connoître en ciboules;

O U

APPLICATION de cette Maxime à plusieurs articles d'un Arrêté du Comité de Sûreté - générale, concernant la vente des Comestibles à la Halle et aux Marchés , rendu le   fructidor , sur le rapport de la Commission administrative de la Police de Paris.

Par SAINT-AUBIN , Professeur de Commerce, de Mathématiques et de Langues étrangères, à Paris, rue neuve Eustache , N° 40.

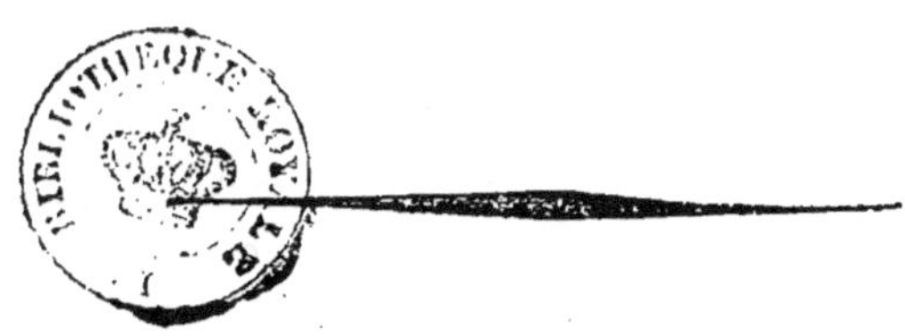

A PARIS,

De l'Imprimerie de POUGIN, Libraire, rue des Pères , où il se vend ;

Ainsi que chez DESENNE et GOSSET, et autres Marchands de Nouveautés , au Palais Egalité.

L'AN III DE LA RÉPUBLIQUE.

AVIS.

Le second Cours raisonné sur la théorie et la pratique du calcul des changes et du commerce en général, que j'avois annoncé pour le 26 fructibor, s'ouvrira définitivement le 2 vendémiaire.

Les leçons, au nombre de vingt, auront lieu tous les jours pairs, excepté le décadi, à cinq heures et demie du soir, à moins que la pluralité des souscripteurs ne préfère une autre heure. Le prix de la souscription, pour le cours entier, est de 150 liv. Le *minimum* des leçons particulières, pour ceux qui ne suivent pas le cours, est de 20 liv. On souscrit chez moi, rue neuve Eustache, maison Carignan, N°. 40.

On trouve chez le citoyen Pougin, libraire, rue des Pères, chez Desenne, Gosset, et autres Marchands de Nouveautés, au palais Egalité, les ouvrages suivans de moi:

L'Expédition de Don Quichotte contre les Moulins à vent, ou Absurdité de la guerre faite à l'Agiotage;

Tableau comparatif des prix anciens et actuels des principales denrées et marchandises, ainsi que de la main-d'œuvre, avec les résultats qu'on en peut tirer sur les causes de la cherté actuelle, sur la véritable manière de calculer le discrédit des assignats, sur le prix de l'or et de l'argent, etc., avec des réflexions sur la valeur des inscriptions au grand livre, et sur d'autres objets de l'économie politique;

Réflexions sur le Nouveau Calendrier, sur la nécessité d'élaguer au moins les décadis de cet avorton du calcul décimal, *sur les effets du fanatisme politique comparés à ceux du fanatisme religieux*, avec une traduction d'un passage d'Isocrate sur les Sans-culottes et les Muscadins;

Je ne veux ni de la moitié ni du quart, ou Démonstration mathématique, qu'il est de l'intérêt du peuple qu'aucune fraction considérable quelleconque de la Convention nationale reste à son poste pour recomposer, avec les députés nouvellement élus, le prochain corps législatif;

Donnons notre bilan;

Lettre circulaire du Congrès à ses Commettans, au sujet du discrédit du papier-monnoie.

MARCHAND D'OIGNONS

DEVROIT

SE CONNOITRE EN CIBOULES.

L'AUTEUR de ce proverbe, aussi vrai que connu, a partagé le sort d'une foule d'hommes de génie, dont les découvertes et inventions utiles subsistent, tandis que leurs noms sont depuis long-temps ensevelis dans l'oubli. Toutes mes recherches pour le recouvrir ont été infructueuses. La première trace qu'on trouve du proverbe même, est dans l'histoire de Charlemagne, qui, pendant la tenue des assemblées générales, connues depuis sous le nom d'Etats-Généraux, ordonna fort sagement qn'il fut gravé en lettres d'or sur chaque porte des seize comités qui éclairoient ces assemblées de leurs lumières. Le seul comité des approvisionnemens et des subsistances (car on n'avoit pas alors le bonheur inestimable de connoître les commissions exécutives et les agences qui nous ont fait tant de bien depuis), ce seul comité, dis-je, avoit, outre le proverbe ci-dessus, l'inscription dont Molière a fait dans son Avare une application si heureuse :

Il ne faut pas vivre pour manger, mais manger pour vivre.

Ceux qui desirent des détails plus amples sur cette matière, sont priés de feuilleter la fameuse collection connue sous le nom de *Scriptores medii œvi*. Comme elle n'a que 30 volumes *in-folio*, il ne leur faudra qu'un peu de patience pour trouver l'endroit d'où cette anecdote est extraite. Pour moi, j'ai la malheureuse habitude de lire les faits sans faire attention à la page. D'ailleurs, où en serions-nous, si tous les historiens étoient obligés de citer les sources d'où ils ont puisé les belles choses dont ils ornent leurs histoires ? Que deviendroient tant de beaux rapports *sonorement* débités à la tribune, si l'on s'avisoit d'aller à la source pour vérifier les faits, ou à Barréme pour examiner les calculs ? Le lecteur bénévole doit être un peu badaut ; il doit croire quelque chose sur parole, pourvu que le tout l'instruise et l'amuse. Malheureusement tous les *touts* n'ont pas cet avantage-là.

A 2

Quoi qu'il en soit de l'authenticité du fait que je viens de citer, il est certain que si cette inscription avoit été mise sur les portes de nos comités modernes (non pas en lettres d'or, car l'or est trop rare pour le risquer aussi légèrement, mais en lettres noires très-lisibles) elle eût fait un très-grand bien. *Marchand d'oignons devroit se connoître en ciboules !* Où est l'individu assez impudent qui, à la lecture de cette maxime, eût osé entrer dans le comité de législation, sans se connoître en lois? Dans celui d'agriculture et de commerce, sans savoir comment on sème et récolte, ni comment on vend et achète? Dans celui des finances, sans avoir les premières notions de l'arithmétique et de l'économie politique? etc. etc. Que de choses dans un menuet ! disoit Marcel. Que de choses dirai-je dans ce divin proverbe : *Marchand d'oignons devroit se connoître en ciboules !*

Une observation qui ne sauroit échapper à la sagacité d'un lecteur réfléchi (car un écrit aussi profond que celui-ci, n'en demande pas d'autres), c'est que nous ne possédons plus ce beau proverbe dans toute sa pureté. L'expression conditionnelle *devroit*, qui y existoit du tems de Charlemagne, prouve la modestie de ce siècle. On n'étoit pas persuadé alors, comme aujourd'hui, que *tout marchand d'oignons se connoissoit en ciboules ;* on disoit modestement que cela *devroit* être ainsi ; que tout homme en place *devroit* avoir les talens et les connoissances nécessaires pour s'acquitter de ses devoirs, mais il n'étoit pas bien sûr que cela fut.

Vers la fin du dernier siècle, nos ancêtres avoient déjà une assez haute opinion de leur mérite pour oser dire : Marchand d'oignons *doit* se connoître en ciboules. Ce mot *doit* est bien plus positif ; il signifie que c'est une chose toute naturelle, que ce ne peut guères être autrement. A mesure que la suffisance et l'impudence ont fait assez de progrès pour disputer par-tout le pas au mérite, on a insensiblement élagué l'expression indéfinie *doit se connoître*, pour y substituer une plus positive, et l'on dit effrontément aujourd'hui : *Marchand d'oignons se connoit en ciboules.* C'est ainsi que les plus beaux proverbes n'ont pu échapper aux injures du tems. Quelles obligations ne m'auront donc pas mes contemporains, et peut-être la postérité, de leur avoir rétabli celui-ci dans toute son intégrité : *Marchand d'oignons dev oit se connoître en ciboules !*

Il y a un proverbe allemand, très-analogue au nôtre, qui a subi une altération à-peu-près semblable. Le texte en est : *Wem got ein amt giebt, dem giebt er auch verstand,* ce qui signifie à la lettre : *A qui Dieu donne un emploi, il lui donne aussi l'intelligence;* sous-entendez: *nécessaire pour s'en acquitter.* Ce proverbe n'exprimoit originairement qu'un

(5)

pieux souhait : Dieu *devroit donner* l'intelligence nécessaire
à ceux qu'il pourvoit d'un emploi. Comme ce sens incom-
modoit beaucoup, et ceux qui conféroient les emplois à tort
et à travers, et ceux qui, sans talent, avoient l'impudence de
les solliciter, on lui a insensiblement donné un sens déter-
miné et positif qui met tout le monde à l'aise. Un protecteur
insouciant, corrompu ou ignare, a-t-il envie d'obliger un
protégé sot ou imbécille ? L'un confère et l'autre accepte
sans hésiter une place d'où dépend souvent la fortune ou la
vie de ses concitoyens, dans la ferme confiance que la provi-
dence divine pourvoira aux talens que cette place exige, et
que le protégé n'a pas.

Après cette digression nécessaire sur l'origine et le véritable
sens de notre proverbe, et sur les variantes qu'il présente
dans les différens siècles, je vais en faire l'application pro-
mise à l'arrêté du comité de sûreté générale, rendu dernière-
ment sur la vente des comestibles.

Grâces à l'invention de l'imprimerie, il y a tant de bonnes
choses qui tapissent les mûrs de cette cité, que le lecteur le
plus infatigable ne sauroit les lire toutes. Aussi cette pro-
duction sublime m'auroit-elle échappé, si ma femme ne me
l'avoit fait connoître en me rapportant une bosse au front,
qu'elle avoit reçue dans la foule, au lieu de pommes − de
terre qu'elle devoit acheter au marché. — Où sont donc vos
légumes, lui dis-je en rentrant ? — Comment voulez-vous
qu'on en ait ? Il y a à la halle deux bayonnettes par navet,
et un hussard ou dragon à cheval par chaque patate. D'autres
ont reçu des coups de crosse ; moi j'en suis quitte pour une
bosse que m'a donné une hotte en se culbutant. Et pourquoi tout ce charivari, s'il vous plaît ? Pour exécuter un
arrêté du comité de sûreté générale, qui ne trouve que ce
moyen de procurer les légumes à bon marché aux consommateurs assez hardis pour affronter les bosses et les crosses.
Voyons donc ce maudit arrêté.

Je n'eus pas plutôt lu l'intitulé de ce chef-d'œuvre,
portant qu'il étoit rendu *sur le rapport de la commission
administrative de la police de Paris*, que ma surprise cessa.
En effet, depuis les réglemens du fameux lieutenant de
police d'Argenson, rendus pour Paris du tems du régent,
jusqu'à ceux que rendent aujourd'hui les plus minces mu-
nicipes de la plus petite bourgade de la république, je
ne crois pas que, sur dix de ces productions lumineuses,
on en trouve une qui ait le sens commun. Pour comble de
malheur, toutes ces inepties, qui ne font voir que la peti-
tesse et le retrécissement dont l'esprit humain est susceptible,
s'impriment, se publient et s'affichent de préférence. Ce
seroit bien là le cas de regretter, avec Beaumarchais, l'invention de l'imprimerie, s'il étoit possible de compenser avec

A 3

ces inconvéniens inévitables , les bienfaits sans nombre que le genre humain lui doit. Si l'imprimerie, dit cet écrivain, immortalise le génie , elle éternise aussi la sottise ; et, graces à cette invention , tout faquin , non content d'avoir ennuyé ou égaré ses contemporains , a encore le privilége d'en faire autant aux races futures.

Le but de l'arrété en question , comme le dit l'arrété lui-même (car autrement Satan le sorcier ne le devineroit pas), est de procurer aux consommateurs les comestibles à meilleur marché. Pour atteindre ce but , qui certainement est très-louable, l'arrété défend, *contre l'usage généralement établi à Paris* , aux regrattiers ou vendeurs d'acheter avant que les consommateurs se soient approvisionnés , les légumes, le beurre , les œufs , et autres comestibles que les paysans, jardiniers ou cultivateurs amènent au marché. La raison qu'allègue le même arrété , et que j'ai entendu citer par plusieurs bonnes gens qui n'étoient rien moins que sorciers, raison aussi sensée que le moyen , est que *les denrées qui passent par plusieurs mains doivent renchérir à mesure.*

Dans toutes ces dispositions et motifs , il y a presque autant d'erreurs que de phrases. D'abord , il n'est pas vrai qu'une botte de navets , que le consommateur achète par ce moyen directement du paysan pour 15 sols, lui revienne à meilleur marché que celle qu'il auroit payée 25 sols au regratier. Car, si pour avoir cette malheureuse botte de 15 sols, il est obligé de se rendre à une heure fixe à la halle , pour y perdre un tems précieux en faisant queue avec quelques milliers de ses confrères, au risque de revenir avec une bosse ou un coup de crosse, la botte de navets lui revient aussi réellement à un écu, que le pain qu'on nous fournissoit , du tems des queues, a 3 sols la livre, coûtoit 6 liv. à bien des ouvriers qui passoient leur matinée à l'attendre. Si , au contraire, aucun arrété de police ne défend aux revendeurs de se pourvoir de cette denrée, chacun trouvera chez son voisin le fruitier, à toute heure, sans se déranger et sans perdre une minute de tems, les navets dont il a besoin. Par cet arrangement, le consommateur gagne autant que le revendeur; et pour troubler cette satisfaction réciproque, il faut avoir recours à un réglement de police. *O marchands d'oignons! que ne vous connoissez-vous en ciboules !*

En second lieu , il est encore faux que le consommateur ait à meilleur marché la denrée qu'il prend de la première main , que s'il la prenoit de la seconde. Cette vérité est connue de tous ceux qui ont la moindre idée, je ne dis pas du commerce, mais de ce qui se passe journellement dans la vie commune. Il n'y a que le marchand qui gagne à acheter de la première main , parce qu'il prend une grande quantité à-la-fois , pour revendre en détail. Le négocian en gros qui lui vend cette grande quantité , se contente alors d'un gain modique, en partageant avec lui le bénéfice double qu'il feroit sur les consommateurs, s'il avoit la p ine et l'embarras de leur vendre en détail. Si ceux-ci s'adre;sent directement à lui , ils n'en auront pas pour cela un meilleur marché, parce qu'il leur vendra , si toutefois il veut bien s'en méler , le peu de denrées dont ils ont besoin , au méme prix que le débitant qui les tient de lui. Il n'y a pas de genre de trafic ou de commerce , si pe it ou grand qu'il soit, où l'on ne pui se s'assurer de ce fait. Un livre , par exemple, acheté chez un libraire qui le tient de la seconde ou troisième main , n'est pas plus cher que si on le prenoit chez l'imprimeur qui en a le fonds.

Il en est de méme pour les légumes et autres comestibles dont il s'agit. Les gens de la campagne , accoutumés à les vendre par hottées ou charretées aux revendeurs , les leur vendent naturellement à bien meilleur marché qu'ils ne le feront aux consommateurs à qui ils sont obligés de les débiter en détail. Sous ce point de vue, l'arrété présente un autre in-convénient très-grave : c'est qu'il n'est favorable qu'aux riches qui peuvent faire de grandes provisions à-la-fois, et qui seuls profiteront du bon marché que cet arrangement peut procurer a quelques-uns. Mais les gens peu aisés , les pauvres qui font le grand nombre, et qui ont le moins de tems à perdre, s'en retourneront les mains vuides, ou paieront au prix de l'or le peu qu'on leur voudra céder.

Il y a méme ici une circonstance particulière qui con-tribue à faire hausser le prix de tous ces comestibles d'une manière exorbitante , si l'on s'obstine à vouloir faire exécuter cet arrété inexécutable. Voici cette circonstance qu'igno-roit apparemment le rédacteur de l'arrété , mais qui est connue de *tous les marchands d'oignons qui se connoissent en ciboules.*

Si les légumes, le beurre, les œufs qui font l'objet des tendres sollicitudes de la police, descendoient dans des paniers ou hottes du ciel , avec un écriteau portant le prix fixe auquel ils doivent étre vendus, l'arrété en question seroit très-sage. Tous les consommateurs s'y pourvoiroient d'abord à ce prix , et les regratiers prendroient le reste. Mais le *moindre marchand d'oignons, qui se connoît en ciboules,* sait que ces comestibles arrivent dans des charrettes , cu sur des ânes conduits par les propriétaires qui viennent au marché pour les vendre. Or, si ces derniers n'y trouvent que leurs chalands ordinaires, les fruitiers ou regratiers , ils leur vendront leurs denrées au prix ordinaire ; mais s'ils se voient entourés de quelques milliers de consommateurs , tous empressés à acheter, la vue seule de cette concurrence les engagera à hausser le prix. L'expérience a prouvé ce que le bon sens avoit prévu ; car l'arrété, loin d'avoir fait diminuer le prix des comestibles dont il s'occupe, les a fait renchérir d'une manière sensible. Outre la circonstance particulière que je viens de citer, il y en a encore une seconde qui influe sur ce renchérissement : c'est que les revendeurs ne vont pas au marché pour y acheter de quoi diner, ils sont donc moins pressés. Si un propriétaire de comestibles leur demande un trop grand prix, ils vont à un autre en attendant, de manière que celui - ci ne sauroit leur faire la loi. Il n'en est pas de même des consommateurs, dont la plupart vont au marché pour y acheter de quoi faire la soupe à midi ; s'ils s'en retournent sans provisions, ils se passent d'un repas. Ils doivent donc acheter à tout prix ce dont ils ont besoin, ne seroit-ce que pour ne pas avoir fait une course inutile. Cette assertion acquiert encore plus de force, lorsqu'on considère que, parmi les consommateurs, il se trouve un grand nombre de domestiques et cuisinières, qui ont ordre de faire leurs provisions, coûte qui coûte.

Je ne parle pas de la foule et des embarras que cette manière bisarre de s'approvisionner occasionne ; il paroît qu'on aime trop les queues à Paris pour que je trouve mauvais que la police en établisse jusqu'aux charrettes de navets et aux paniers de beurre. Mais ce sur quoi on ne sauroit trop insister auprès des magistrats qui ont quelque idée d'humanité et de justice, c'est que ces foules, ces queues, ces cohues ne sont jamais favorables qu'à l'impudence, a l'effronterie et à l'audace. Les pillards, ou du moins, ceux qui pilleroient, s'ils osoient, écartent brutalement tout ce qui veut s'approcher de la vente ; ils se pourvoient de ce qui leur fait plaisir, et revendent ensuite, soit aux regratiers, soit aux honnêtes gens trop timides pour s'exposer aux inconvéniens de la bagarre ; en sorte qu'on peut dire avec vérité que le seul résultat de tous ces arrétés est de mettre la canaille bien à son aise.

Mais, dit l'arrété, les regratiers revendent les comestibles beaucoup plus cher qu'ils ne les ont achetés ! Qu'est - ce que cela me fait, à moi consommateur, si, en l'achetant directement de la première main, je suis obligé de les payer tout autant, et que je perde un tems précieux par-dessus le marché, sans compter les hardes qu'on abîme, et les bosses qu'on rapporte ?

Qui m'assurera, d'ailleurs, que les consommateurs ne deviendront pas regratiers à leur tour, en revendant sous main le superflu de ce qu'ils auront acheté pour leurs besoins, et cela à un prix d'autant plus haut, que les risques seront plus grands et le mystère plus nécessaire ? Rien ne rend l'argent plus cher que les lois rendues contre l'usure ; rien ne rend les denrées plus chères que les précautions de

police que prend le gouvernement pour qu'elles ne renché-
rissent. Ce sont là encore des vérités que l'expérience apprend
aux *marchands d'oignons qui cherchent à se connoître en
ciboules.*

Quant à ce préjugé populaire, *que les denrées qui passent
par plusieurs mains doivent nécessairement renchérir*, j'en ai
démontré la fausseté dans mon *Expédition de Don Quichotte*,
à laquelle je renvoie le lecteur. Mais, pour en faire sentir d'un
trait toute l'absurdité et le ridicule, supposons que six fripons
d'accord entre eux, s'établissent marchands de denrées dans
six quartiers de Paris. D'après le principe lumineux établi
en axiôme dans notre arrêté, il dépendroit donc de ces six
individus de faire centupler en huit jours le prix de toutes
les denrées, en se les vendant mutuellement et les faisant
passer ainsi successivement par cent mains et plus ? *Marchands
d'oignons, qui ne vous connoissez pas en ciboules*, apprenez
donc, une fois pour toutes, que pour qu'une denrée renchérisse en passant par plusieurs mains, il faut que chaque
acheteur gagne à la revente, ce qui n'est pas toujours une
conséquence nécessaire. Mais, quand cela seroit, cela ne
prouveroit pas encore que c'est le passage par plusieurs mains
qui fait renchérir la denrée ; car il est possible, et nous en
voyons tous les jours une foule d'exemples, que la même
denrée renchérisse davantage encore en restant dans le premier magasin. La consommation qu'on fait d'une denrée, le
besoin qu'on en a, la rareté qui s'en fait sentir, les demandes
multipliées qu'en font les consommateurs : voilà les véritables
causes de sa cherté, et non les ventes et reventes qui,
comme je l'ai montré dans l'*Expédition de Don Quichotte*,
ne font que répartir sur plusieurs le bénéfice qu'auroit fait
le premier propriétaire, s'il n'avoit pas été si pressé de s'en
défaire.

Puisqu'on a traité d'aristocrate tout ce qui étoit frisé et
poudré, et de jacobin tout ce qui avoit les cheveux plats
et gras, il n'est pas étonnant qu'on traite d'agioteur tout
marchand qui n'achète que pour gagner, lorsqu'il ne vend
pas au gré de l'acheteur, c'est-à-dire, à perte. J'avoue
cependant que j'ai de la peine à digérer ce considérant qui
se trouve dans l'arrété, et qui traite d'agioteurs ces malheu-
reux regratiers, qui certainement ne se doutent pas que leurs
carottes et navets puissent avoir quelque chose de commun
avec l'agio de la banque! Si Chaumette et Hébert, qui avoient
la haute police après le 31 mai, eussent exécuté cet arrété, qui est parfaitement dans leurs principes, ils auroient
traité les revendeurs de fédéralistes, et l'on auroit trouvé
ce sobriquet tout aussi juste qu'on trouve aujourd'hui celui
d'agioteur, donné à tort et à travers à tout individu qu'on
croit plus à l'aise qu'on ne voudroit.

Ce même *considérant*, qui est vraiment d'une ineptie très-inconsidérée, regarde *comme principale cause du renchérissement des denrées*, les regratiers et revendeurs qui achètent au marché avant les consommateurs! Oh! ceci est d'une impudence qui passe la plus forte dose que j'aye jamais trouvée dans un gascon! Comment! lorsque journellement on émet des millions d'assignats, lorsqu'on a la fureur de ne vouloir jamais annoncer jusqu'où cette émission se bornera, lorsqu'on ne songe pas même à donner le bilan dont j'ai démontré si évidemment la nécessité urgente (1), on ose jetter la faute sur les pauvres regratiers! Il faut avoir bien peu de moyens de se justifier pour recourir à de pareils expédiens.

L'article premier viole les droits de l'égalité, en ne soumettant à l'obligation de porter leurs denrées au marché, que les marchands forains qui apporteront en charrettes, sur des bêtes de somme ou *à dos d'homme*, ce qui exempte le grand nombre de ceux qui pourront porter leurs paniers sur la tête, ou les voiturer dans une brouette. Voilà ce qui arrive quand on fait des réglemens, comme l'on dit, *à propos de botte*. Outre le vice radical qui en affecte ordinairement le fond, il est rare qu'on puisse leur donner une forme raisonnable, à cause des détails puérils et minutieux, dans lesquels il faudroit entrer. Les articles II, III et IV sont bons, parce qu'ils ne contiennent rien qui ne soit juste, utile et raisonnable ; malheureusement l'expérience prouve que ce sont ceux-là qu'on exécute le moins.

Pour démontrer l'absurdité de l'article V, qui défend à tout marchand forain de vendre dans les rues ou sur la route, je répéterai l'argument qu'on a opposé vingt fois, et toujours sans succès, à ce réglement vraiment tyrannique. Je le répéterai, dis-je, dût-ce être pour la centième fois, parce qu'une bonne raison, qu'on n'a rejettée que par opiniâtreté, finit toujours par triompher lorsqu'on a le courage de la reproduire. Paul, habitant de Paris, revenant de Versailles avec une voiture à vuide, attrape à Sèvres un pauvre diable de paysan, que l'arrété décore du titre magnifique de marchand forain, mais qui, dans le fait, a pour tout magasin, deux paniers de patates sous lesquels sa bourrique succombe. Paul, qui a besoin de cette denrée, l'acheteroit volontiers à Sèvres, ce qui épargneroit au paysan le chemin jusqu'à Paris, et à Paul une course jusqu'à la halle. Mais l'arrété s'y oppose : il faut que Paul, le paysan, la bourrique et les patates viennent à la halle pour y ratifier le marché conclu à Sèvres; autrement on confisque les patates, et la bourrique avec, si le propriétaire ne peut payer

---

(1) Voyez la brochure : *Donnons notre bilan.*

es 1,000 liv. d'amende. *O marchands d'oignons ! que ne vous connoissez - vous en ciboules !*

L'article VI veut que les marchés soient *ouverts* au son de la cloche, et aux heures fixées par les réglemens. Toujours des réglemens ! Et pourquoi le marché ne s'ouvriroit - il pas avec le jour ? Y aura - t - il, comme au théâtre, un rideau entre les marchands forains placés sur la scène, et les consommateurs attendant au parterre, dans la boue, et en dépit du vent, de la pluie ou de la grêle, l'heure où le réglement permettra de tirer ce bienheureux rideau ? Je me représente ces pauvres consommateurs, rassemblés par milliers, qui, s'ils arrivent une demi - heure trop tard, ne trouvent plus rien ; et, s'ils arrivent une demi - heure trop tôt, sont obligés de se morfondre, couverts de sueur et de poussière en été, transis de froid et mouillés jusqu'aux os en hiver, pour attendre le son de la cloche et l'ouverture de la vente réglementaire. Combien ils doivent maudire ces *marchands* qui veulent réglementer *sur les oignons sans se connoître en ciboules !*

Quant aux *quatre heures précises, sans une minute de plus ni de moins*, il paroît que c'est le nombre sacramental des réglemens de police, à - peu - près comme le nombre ternaire l'étoit chez les anciens. Pas un réglement de village qui ne fixe ces quatre heures pour l'approvisionnement des consommateurs. Il me semble cependant qu'il ne faut pas être *grand connoisseur en ciboules* pour voir que deux cent mille consommateurs, qui vont s'approvisionner aux différens marchés de Paris, ont besoin d'un peu plus de tems, que deux cens, ou même deux mille, qui se rendent, pour le même objet, au marché d'une petite ville ou bourgade.

Après ce que j'ai dit sur le fond de l'arrêté, je n'ai guères plus à ajouter sur les articles 7 et 8, qui en forment l'*appendix*, ou le *corroborant*. Celui-ci, comme tous les *postscripts* des réglemens de police, contient les dispositions pénales contre ceux qui oseroient enfreindre un des articles du texte. Car, quelque absurde que soit une loi, une fois qu'on l'a lâchée, il faut bien lui donner des dispositions pénales pour soutien. Ce n'est pas que ces amendes et confiscations enrichissent ou aient jamais enrichi le trésor public. Tous ces réglemens, aussi inexécutés qu'inexécutables, portent le germe de leur destruction avec eux ; et, sur mille *marchands d'oignons* qui les transgressent, à peine y en a - t - il un de pris, qui encore n'est pas toujours puni, pour *peu qu'il se connoisse en ciboules.*

Mais ce qu'il importe de considérer dans toutes ces lois, dont le moindre défaut est d'être inutiles, c'est la malheureuse habitude qu'elles donnent insensiblement au peuple #

enfreindre les lois en général. Le plus grand appui des lois n'est pas dans les dispositions pénales qui y sont jointes, mais dans le respect religieux que leur caractère moral doit inspirer à ceux pour qui elles sont faites. Lorsqu'on les multiplie sans nécessité, il est moralement impossible qu'il ne s'y en glisse quelques-unes d'absurdes, de ridicules, qui, par leur nature même, sont inexécutables; il est donc naturel qu'on s'en moque et qu'on les méprise. Malheureusement ce ridicule et ce mépris qui devroient s'arrêter là, passent ordinairement aux bonnes lois qui, n'ayant plus pour garantie que les dispositions pénales, trouvent autant de transgresseurs qu'il y a d'individus assez adroits pour trouver quelques moyens de les éluder. Cette considération seule, qui, dans un gouvernement libre, est de la plus haute importance, devroit arrêter la plume de toutes ces têtes fécondes en lois et en réglemens, qui voudroient gouverner tous leurs concitoyens avec la règle et le compas.

Je terminerai cet écrit par quelques réflexions que j'ai déjà publiées à ce sujet, dans un *Mémoire sur les subsistances* imprimé à Sens, sur la demande des représentans Rovère et Frochot, en présence desquels il fut lu à la société populaire. Comme ce mémoire n'est guères connu ici, on me permettra d'en copier une page qui cadre parfaitement avec tout ce qu'on vient de lire.

* * *

La plupart des réglemens de police des petites villes (car je ne m'attendois pas alors qu'on en feroit de semblables pour Paris) défendent aux boulangers d'acheter des grains au marché, avant que les consommateurs particuliers soient approvisionnés. Cet arrangement absurde semble fait exprès pour occasionner de tems en tems une famine au milieu de l'abondance. En effet, les marchés n'ayant lieu que deux, et souvent qu'une seule fois par semaine, il est essentiel de faire en sorte que chaque marché offre à tous les habitans la facilité de se procurer du pain au moins jusqu'au marché suivant. Or, c'est précisément ce que ces réglemens empêchent tant qu'ils peuvent. Supposons que la totalité des grains apportés au marché suffise exactement à la consommation de tous les habitans, jusqu'au marché suivant; (ce sera bien pis, s'il y a un déficit, comme cela arrive trèsfréquemment, en dépit de tous les réglemens de police, qui généralement amènent plutôt la pénurie que l'abondance). S'il étoit permis, dans ce cas, aux boulangers de s'approvisionner de préférence, tous les habitans seroient sûrs de trouver du pain dans leurs boutiques, au risque (qu'à la rigueur je ne suis pas obligé d'admettre) de le payer peutêtre un peu plus cher. Les pauvres sur-tout y trouveroient leur

compte : comme ils ne peuvent acheter des septiers , bichets
ou boisseaux à - la - fois , ils n'ont d'autres ressources que
les boulangers qui leur vendent suivant leurs facultés une
miche, ou même une livre de pain. Mais si , comme le pres-
crivent très - bétement les lois de police , les consommateurs
particuliers ont le pas sur les boulangers , les premiers en-
leveront chacun une provision pour la huitaine ou quinzaine ,
de manière qu'il ne restera aux derniers , si toutefois il leur
reste quelque chose , que de quoi vivre pendant deux ou
trois jours. Les citoyens les plus aisés auront donc pendant
cinq ou six jours un superflu , tandis que les pauvres n'auront
pas de quoi vivre. Et remarquez bien que l'enlévement fait
par les premiers sera d'autant plus considérable , que le
marché sera moins pourvu , parce que la crainte de manquer
fera faire à tel particulier une provision d'un mois, qui , à
la vue de l'abondance , se seroit contenté d'acheter tout au
plus pour une quinzaine. En examinant la chose de près ,
on voit que ces réglemens , dont le but est de soulager les
indigens , en prévenant la cherté des grains , et sur-tout en
empéchant les prétendus accaparemens , facilitent au contraire ces derniers , et exposent les pauvres à se passer de
tems en tems de pain. Car tout particulier qui , dans un de
ces marchés , achète pour une quinzaine , lorsque la totalité
des grains qui s'y trouvent ne suffit à tous les citoyens que
pour huit jours , est un véritable accapareur qui risque d'af-
famer une partie de ses concitoyens jusqu'au marché suivant.
Voilà des accaparemens réels , produits par la crainte et les
réglemens de précaution qui ne font qu'entretenir cette
crainte. Ce sont eux qu'il faut prévenir en laissant la liberté
la plus entière à la circulation , à l'achat et à la vente des
grains , tandis qu'on les favorise , qu'on les nécessite même ,
en voulant empécher , par des réglemens inutiles ou mal-
entendus , des accaparemens imaginaires qui n'existent que
dans la cervelle des administrateurs peureux , et ordinairement
aussi entétés et despotes , que sots et ignares. Si j'étois pour
un réglement quelconque , je voudrois , dans ce cas particulier , que , loin de favoriser les consommateurs de préférence aux boulangers , on prit la marche inverse. Car il
vaut mieux que tous les habitans aient chacun une miche de
pain pour quatre jours , que d'avoir une partie approvi-
sionnée pour huitaine , tandis que l'autre n'en a pas que
vingt - quatre heures.

Quant à la fureur de faire des réglemens , elle mérite un
petit chapitre à part.

Parmi les neuf cens et tant de maladies internes et externes
dont est affligée l'espèce humaine , et que l'on trouve métho-

diquement distribuées par ordres, classes, genres et espèces, dans la nosologie de Sauvage, on cherche en vain celle qui nous a fait peut-être autant de mal que toutes les autres ensemble, et que cet auteur célèbre n'a probablement omise, que parce qu'il la regardoit comme incurable. Je n'aime pas les mots longs et mal sonores, autrement je la baptiserois *la réglemento-manie ;* je l'appellerai donc la *manie de régle-menter.* La première mention que nous trouvons de ce fléau est dans la bible, d'où il paroît qu'elle est plus ancienne que le péché originel qu'elle a produit. Car nous voyons que nos premiers parens étoient à peine logés dans le paradis terrestre, qu'ils y trouvèrent (probablement placardé et affiché aux arbres) un réglement de police qui leur inter-disoit de manger du fruit d'un pommier. Jusqu'ici les théo-logiens ont été fort embarrassés à trouver un motif plausible pour une loi en apparence aussi bizarre, et les *plus grands connoisseurs en ciboules,* parmi eux, y ont perdu leur latin. Je crois, moi, que l'unique motif de cette défense, fut d'accoutumer d'avance le genre humain à supporter sans murmurer le fardeau de tous les réglemens de police, sous lequel les descendans d'Adam et d'Ève devoient gémir dans la suite des siècles. Ne faut-il pas, en effet, une espèce de patience innée pour endurer tant de sots réglemens que cette manie de réglementer a produits et produit tous les jours, sans qu'on s'en lasse ? Il paroît même qu'on s'en fait un mé-rite. C'étoit, sous l'ancien régime, la besogne des échevins, des lieutenans de police, etc. ; aujourd'hui, c'est celle des offi-ciers municipaux et des administrateurs. A peine un de ces magistrats est-il en place, qu'il cherche à prouver à ses concitoyens qu'il est digne de la confiance dont ils l'ont honorée, que c'est *un homme dont auquel, un marchand d'oignons qui se connoît en ciboules.* Le meilleur moyen et le plus simple, pour atteindre ce but louable, seroit sans doute de faire exécuter les réglemens qui existent ; mais le moyen est trop commun et usé ; il paroît que tout le monde pourroit en faire autant. Pour se distinguer, le nouveau magistrat, aime mieux faire présent au public d'un nouveau réglement de sa façon, que ses confrères adoptent, autant par goût, que parce qu'ils se rappellent qu'à leur entrée dans le corps, ils ont suivi la même route. C'est ainsi que nous nous trouvons inondés de réglemens de toute espèce, et si nous n'en avons pas encore un sur la manière de marcher dans les rues, c'est que, pour le bonheur de nos jambes, il ne s'est pas encore trouvé parmi les administrateurs de police, un maître de danse.

Cette manie de réglementer, qui, de tout tems, a fait tant de ravages, a reçu un nouveau degré de force, ou plutôt de fureur, par la manie de faire des raisonnemen

abstraits, en généralisant à tort et à travers. Ces abstractions se bornoient jadis à la métaphysique , et étoient le
partage exclusif des savans ; aujourd'hui , il n'y a pas de
savetier qui ne fasse des abstractions sur les navets et les
carottes. Tout cela n'arriveroit pas, si tous les *marchands
d'oignons* étoient obligés de *se connoître en ciboules.*

P. S. Au moment où je livre ceci à la presse, le boisseau de
pommes-de-terre se vend 45 livres , le beurre , 24 livres ,
un choux , 6 livres , une botte de carottes , 9 livres , etc. etc.
*O marchands d'oignons ! que ne vous connoissez-vous en
ciboules !*